HANNOVER

Eine Stadt verändert ihr Gesicht

Ein Stadtplan aus den frühen 1930er-Jahren.

Lorenz Knieriem und Christoph Schmidt

HANNOVER

Eine Stadt verändert ihr Gesicht

SUTTON VERLAG

Der Ernst-August-Platz im späten 19. Jahrhundert.

Sutton Verlag GmbH
Hochheimer Straße 59
99094 Erfurt
www.suttonverlag.de

ISBN: 978-3-95400-262-7

Gestaltung und Herstellung: Sutton Verlag
Druck: Beltz Bad Langensalza GmbH

VORWORT

Als Fußballprofi Edgar Prib unlängst in einem Interview mit dem Sportmagazin „kicker“ gefragt wurde, welche Beweggründe ihn dazu veranlasst hätten, nach 17 Jahren im Trikot der SpVgg Greuther Fürth seine Koffer zu packen und zu Hannover 96 zu wechseln, hatte der eingefleischte Franke eine einfache Antwort parat – neben rein sportlichen Aspekten sei bereits der erste Eindruck beim Antrittsbesuch in seiner potenziellen neuen Heimat positiv entscheidend gewesen: „Ich wusste nicht, dass Hannover so grün ist.“

Diese Aussage verdeutlicht exemplarisch genau das, was Hannover ausmacht: Die Stadt steckt voller Überraschungen und hat ungeachtet des ihr in der öffentlichen Wahrnehmung bzw. Darstellung anhaftenden Rufs, ein insgesamt eher grauer, spröder und unspektakulärer Ort zu sein, sehr viel mehr zu bieten als lediglich die Messe und den Flughafen – man muss ihr nur eine Chance geben und sich unvoreingenommen auf sie einlassen, um ihren Charme zu entdecken.

Bisweilen ist dafür allerdings ein etwas genaueres Hinschauen vonnöten als anderswo, denn im Gegensatz beispielsweise zum nur rund 35 Kilometer entfernten Celle, dessen Altstadt eine Riesenportion Mittelalter in die Waagschale werfen kann, muss man in Hannover auf das Flanieren in einem flächendeckend vor jahrhundertealten Fachwerkbauten und malerischen Ansichten nur so strotzenden Ambiente größtenteils verzichten. Dass die Stadt ihr Gesicht so drastisch verändert hat und heute vielfach wenig an das Erscheinungsbild vor 100 Jahren erinnert, lässt sich allerdings nicht etwa dem Wirken besonders ignoranter Stadtplaner in die Schuhe schieben, sondern ist in erster Linie dem Zweiten Weltkrieg geschuldet: Zwischen 1940 und 1945 wurde Hannover an die 100 Mal zum Ziel von Luftangriffen, sodass bei Kriegsende weite Teile des Stadtgebiets in Trümmern lagen – im Bereich des Zentrums z.B. waren 90 Prozent der Bebauung zerstört, und vieles von dem, was die Stadt seit ihrer Ernennung zur Herzogsresidenz anno 1636 zu einer prachtvollen und blühenden Metropole hatte heranwachsen lassen, war unwiederbringlich verloren.

Diesen Verlusten nachzuspüren, zugleich aber zu zeigen, dass Hannover trotz allem auch heute eine ebenso sehens- wie lebens- und liebenswerte Stadt voller reizvoller Ansichten ist, haben wir uns im vorliegenden Buch zur Aufgabe gemacht. Anhand von 45 in Buchform zum Teil bislang unveröffentlichten Aufnahmen aus der Zeit von ca. 1880 bis 1930, die ihren ab Frühjahr 2013 neu fotografierten Äquivalenten gegenübergestellt werden, laden wir zu einem Streifzug durch Vergangenheit und Gegenwart der Stadtgeschichte ein. Dabei werden auch eingefleischte Hannoveraner ganz neue Blicke auf ihre Stadt erhaschen. Die Reihenfolge der Motive ist an einen Rundgang angelehnt, der vom Bahnhof über das Steintor hinaus nach Herrenhausen, von dort zurück durch die Calenberger Neustadt und die Altstadt bis zur Stadthalle und letztlich wieder gen Bahnhof führt. Wenn man diesen Weg real bewältigt hat, sollte man sich über schmerzende Füße nicht beklagen, ist dafür aber mit zahllosen bleibenden Eindrücken und überraschenden Einsichten belohnt worden.

Der Anspruch, beim Fotografieren den Standort und die Perspektive der historischen Aufnahmen möglichst originalgetreu zu treffen, hat uns mitunter reichlich Nerven gekostet. Bei manchen Motiven ließ sich nur anhand kleiner Details wie z.B. eines verbliebenen Brückenkopfes am Leibnizufer (Seite 30) oder einer markanten Krümmung im Verlauf der Marktstraße (Seite 58) erkennen, ob es die richtige Stelle ist. Auch der starke Verkehr und das Verschwinden ehemals als Fotografenstandort dienender Gebäude haben uns das Leben schwer gemacht, ebenso wie die eine oder andere Baustelle – Hermann Löns' bereits anno 1900 im Hinblick auf Hannover getätigte Aussage „Sie buddeln noch!“ hat zweifellos bis heute Bestand.

Wir hoffen, dass sich die Mühe gelohnt hat, bedanken uns bei den Mitarbeiterinnen und Mitarbeitern des Dezernats 4 der Leibniz-Universität für die Anstrengungen, uns den bestmöglichen Blick auf den Königsworther Platz (Seite 18) zu bieten, und wünschen nun viel Freude beim Durchstöbern des Buches.

Lorenz Knieriem und Christoph Schmidt
im Juni 2013

DER ERNST-AUGUST-PLATZ

Er ist zweifellos noch immer einer der lebendigsten Orte der Stadt, doch ganz so malerisch wie vor rund 100 Jahren, als die historische Aufnahme entstand, präsentiert sich der Ernst-August-Platz den aus dem Bahnhof heraus gen Kröpcke schlendernden Passanten heute nicht mehr. Dies liegt nur zum Teil an der im Vergleich zum alten Foto leicht veränderten Perspektive (der Originalstandort war aufgrund einer Baustelle leider nicht zugänglich), vielmehr jedoch an den zahllosen, nicht immer gänzlich gelungenen Umgestaltungen, die man sowohl dem 1845 nach Plänen von Oberhofbaudirektor Georg Laves angelegten Platz als auch der ihn säumenden Bebauung im Lauf der Zeit hat angedeihen lassen. Das heute den Eingang zur Bahnhofstraße flankierende Kaufhof-Gebäude beispielsweise kann

sich in Sachen Optik nicht so recht mit dem vormaligen Hotel-Restaurant „Rheinischer Hof" von Ernst Sedlmayer messen, und die einst üppigere Bepflanzung verlieh der Szenerie ebenfalls etwas mehr Anmut als das mittlerweile vorherrschende Betonpflaster.

Geblieben ist immerhin das 1861 enthüllte Reiterstandbild zu Ehren von König Ernst August I., das allerdings auch nicht mehr seinen ursprünglichen Standort aufweist: Im Zuge des U-Bahn-Baus 1971 übergangsweise ans Leineschloss versetzt, kehrte es vier Jahre später zum Ernst-August-Platz zurück, steht seither jedoch näher am Bahnhofsgebäude. Traf man sich früher „unterm Schwanz", stand man ungefähr dort, wo sich heute der Eingang zum Fußgängertunnel befindet.

Selbst wenn einmal die Frontfassade mit einer Plane von beinahe Christo'schen Ausmaßen verhüllt ist, gibt er immer noch ein passables Bild ab: Der hannoversche Hauptbahnhof, mit einem Durchgang von rund 250.000 Reisenden pro Tag einer der meistfrequentierten Schienenknotenpunkte Deutschlands, zählt gewiss nicht zu den unansehnlichsten seiner Art und wurde folgerichtig anno 2004 auch zum ersten „Bahnhof des Jahres“ in Deutschland gekürt. Zu diesem Zeitpunkt hatte die Anlage bereits eine lange und abwechslungsreiche Geschichte hinter sich, die bis ins Jahr 1843 zurückreicht, als Hannover im Zuge der Eröffnung der Bahnstrecke nach Lehrte ein provisorisches Bahnhofsgebäude erhielt, das 1847 vom ersten „richtigen“ Bahnhof abgelöst wurde. Dieser wiederum erwies sich rund 30 Jahre

später aufgrund der ebenerdig verlegten und somit die Stadt „zerschneidenden“ Gleisanlagen als hinderlich für die weitere Stadtentwicklung, woraufhin an gleicher Stelle der Bau eines neuen Bahnhofs in Angriff genommen wurde.

„Hochgelegt, führt er über die Stadt hinweg. Vortreffliches Äußeres aus gelbem Ziegelmaterial im romanischen Stile. Darinnen schönes Vestibül und stattliche Wartesäle“, hieß es über diese am 22. Juni 1879 nach 26-monatiger Bauzeit eröffnete Anlage, die allerdings im Zweiten Weltkrieg größtenteils zerstört wurde. Vom Empfangsgebäude blieben lediglich die Außenmauern erhalten, die seit dem Wiederaufbau noch heute einen ansprechenden Blickfang bieten – sofern sie nicht gerade verhüllt sind.

DIE HAUPTPOST

Über Geschmack lässt sich bekanntlich nicht streiten – oder halt doch ganz trefflich, wie die unterschiedlichen Meinungen hinsichtlich des ästhetischen Werts der Ernst-August-Galerie beweisen. Wo Kritiker das Gebäude schlichtweg als „vermurkst" bezeichnen oder konstatieren, bei dem 2008 nach zweijähriger Bauzeit eröffneten Einkaufskomplex handele es sich um „austauschbare Kaufhausarchitektur ohne erkennbaren städtebaulichen Akzent", gibt man sich auf Betreiberseite sicher, dass die „großzügig und elegant gestaltete Shopping-Mall mit mehreren Piazzi und lichtdurchfluteten Rotunden mediterranes Flair" ausstrahle.

Welcher „Glaubensrichtung" man auch anhängen mag – keine Diskussionen dürfte es darüber geben, dass das rund 125 Jahre zuvor

an der Einmündung der damaligen Artilleriestraße gelegene Kaiserliche Post- und Telegraphenamt durchaus ebenfalls seine optischen Reize hatte. In italienischem Hochrenaissance-Stil gestaltet und „reich ausgestattet mit Mosaiken, Skulpturen, Terrakotten, Figuren-Gruppen aus Zinkguss, schmiedeeisernen Thoren und Dekorationen", fiel das von 1878 bis 1881 errichtete Gebäude im Zweiten Weltkrieg den Luftangriffen zum Opfer und wurde 1951 durch einen Neubau ersetzt. Dieser wiederum musste schließlich ebenso wie einige zum Teil aus dem späten 19. Jahrhundert stammende Altbauten an der Kurt-Schumacher-Straße der Ernst-August-Galerie weichen, wobei das neobarocke Eingangsportal eines abgerissenen Witwenhauses in die Seitenfassade des Neubaus integriert wurde.

AM STEINTOR

Es ist wahrscheinlich keine allzu weit hergeholte Vermutung, dass den meisten Menschen mit einem Bezug zum modernen Hannover beim Hören des Namens „Steintor“ zunächst einmal eine Assoziation in den Kopf kommt: der Kiez. Tatsächlich weht vor allem südwestlich des Steintorplatzes ein Hauch von Reeperbahn durch die Luft, und nirgendwo sonst in der Innenstadt dürfte man so vielen nach gängigen Maßstäben als „schräg“ zu bezeichnenden Zeitgenossen begegnen wie hier.

Allerdings hat das Steintor insgesamt doch weitaus mehr zu bieten als nur die für einen Rotlichtbezirk bzw. ein angesagtes Amüsier- und Szeneviertel typischen Etablissements und Charaktere – eine reichhaltige Historie beispielsweise, die sich bis ins frühe 14. Jahrhundert zurückverfolgen lässt, als ungefähr am heutigen Treffpunkt von Georgstraße, Goethestraße, Langer Laube und Goseriede eines der ersten steinernen Tore der Stadtbefestigung errichtet wurde.

Abgesehen von dem fortdauernden Namen erinnert schon lange nichts mehr an dieses Bauwerk, und selbst vom jüngeren Erscheinungsbild vor rund 100 Jahren ist nicht viel geblieben. Die Luftangriffe des Zweiten Weltkriegs, mehrere Straßenerweiterungen sowie zuletzt Umgestaltungen im Zuge des U-Bahn-Baus haben dafür gesorgt, dass das alte Foto heute fast wie aus einer anderen Welt erscheint: Der Gänselieselbrunnen z.B. stand noch dort, wo er 1898 aufgestellt worden war, und anstelle des Anzeiger-Hochhauses befand sich lediglich eine der künftigen Bebauung harrende Freifläche.

DAS ANZEIGER-HOCHHAUS

In Anbetracht der nach dem Zweiten Weltkrieg allgegenwärtigen Zerstörung im Bereich des Steintors grenzt es fast an ein Wunder, dass mit dem Anzeiger-Hochhaus ausgerechnet das schon seinerzeit markanteste und exponierteste Gebäude der gesamten Umgebung die Luftangriffe nahezu unbeschadet überstand – lediglich die Kupferkuppel wurde im März 1945 von Bomben getroffen und brannte mitsamt des darin befindlichen Planetariums aus.

Ansonsten präsentiert sich der 1927/28 nach Plänen von Fritz Höger für den Verleger August Madsack bzw. dessen „Hannoverschen Anzeiger" errichtete Komplex bis zum heutigen Tag weitestgehend im Originalzustand und kann nicht nur optisch, sondern auch hinsichtlich seiner Bedeutung für die Mediengeschichte einiges in die Waagschale werfen: Von hier aus trat im Januar 1947 Rudolf Augsteins „Spiegel" seinen Siegeszug durch die Presselandschaft an.

Nur rund anderthalb Jahre später erblickte Henri Nannens „Stern“ ebenfalls in den Räumlichkeiten des 51 Meter hohen Klinkerbaus das Licht der Zeitschriftenwelt.

Ob die beiden Doyens des deutschen Nachkriegsjournalismus zur Entspannung auch einmal dem sich rechts an das Hochhaus anschließenden Jugendstil-Gebäude einen Besuch abgestattet haben, ist nicht überliefert. Denkbar wäre es zumindest, denn das 1905 auf dem vormaligen Areal des mittelalterlichen Nikolaistifts eröffnete Goseriedebad stellte bis zu seiner Schließung anno 1982 in Sachen Popularität die unangefochtene Nummer eins unter Hannovers Hallenbädern dar.

DIE NIKOLAIKAPELLE

Sie wird bisweilen als „ältestes erhaltenes Bauwerk Hannovers“ bezeichnet, auch wenn es angesichts der traurigen Ruine schon ein wenig euphemistisch anmutet, im Falle der Nikolaikapelle an der Goseriede wirklich von „erhalten“ zu sprechen. Dies ändert allerdings nichts daran, dass die verbliebenen Reste des ehemaligen Gotteshauses in der Tat auf eine sehr lange Geschichte zurückblicken können. Zwischen 1250 und 1284 als Kapelle des außerhalb der Stadtmauern gelegenen und vor allem der Pflege von Pest- sowie Leprakranken dienenden Nikolai-Stifts erbaut, stammen die heute noch vorhandenen Mauern des einstigen Chorraumes vermutlich aus der Zeit um 1325, wobei der umliegende Friedhof in Teilen noch älter sein dürfte – er diente womöglich bereits im 12. Jahrhundert den

Bewohnern der Siedlung Hagerinhusen (Herrenhausen) als Begräbnisstätte. Das heute recht kümmerliche Erscheinungsbild ist zum einen den Luftangriffen auf Hannover im Zweiten Weltkrieg geschuldet, in deren Verlauf die Nikolaikapelle schwer getroffen wurde. Zum anderen gab man sich aber auch anschließend keine richtige Mühe, das Bauwerk im bestmöglichen Zustand zu erhalten – das Kirchenschiff wurde 1953 zugunsten der Verbreiterung der Goseriede abgerissen. Auch der 2012 begonnene teilweise Rückbau der Straße brachte Unfrieden mit sich: Nachdem Bauarbeiter diverse ausgegrabene Gebeine einfach achtlos auf einen Haufen geworfen und liegengelassen hatten, wurde aus stadtarchäologischen Gründen ein einstweiliger Baustopp verfügt.

DER KÖNIGSWORTHER PLATZ

Von den einst hier herrschenden Verhältnissen können heutige Verkehrsteilnehmer nur noch träumen: Ein paar Pferdefuhrwerke, eine Straßenbahn und ansonsten viel Raum für „Freie Fahrt für freie Bürger“ oder auch einfach nur zum gemütlichen Umherbummeln – das war der Königsworther Platz in den 90er-Jahren des 19. Jahrhunderts. Nicht nur hinsichtlich des Verkehrsaufkommens hat sich seither einiges geändert – die auf dem alten Foto rechts zu sehende Ulanen-Kaserne beispielsweise wurde im Zweiten Weltkrieg zerstört. Und ob die seit dem Jahr 2000 als Bestandteil der Skulpturenmeile auf dem Mittelstreifen der Brühlstraße stehende Plastik „Symphony in Red“ von John Raymond Henry wirklich einen Fortschritt im Vergleich zu den Kandelabern der einst dort befindlichen

Grünanlage darstellt, ist wieder einmal Geschmackssache. Vom Wandel weitgehend verschont geblieben ist das damals wie heute den Eingang zur Herrenhäuser Allee zierende Gittertor des ehemaligen Schlosses Monbrillant, das 1857 dem rechts im Hintergrund zu sehenden Welfenschloss hatte weichen müssen. Auch das Gebäude Brühlstraße 27, von dem aus die vorliegenden Aufnahmen gemacht wurden, hat überdauert: 1860 als Domizil für den Obergerichtsrat Eduard Simon errichtet und heute ein Dezernat des Instituts für Gestaltungspraxis und Kunstwissenschaft beherbergend, lebte hier von 1895 bis 1938 Joseph Berliner, der 1898 gemeinsam mit seinem Bruder Emil in Hannover die erste Schallplattenfabrik der Welt gegründet hatte.

DAS WELFENSCHLOSS

Nicht nur der Name, auch das unumwunden als majestätisch zu bezeichnende Erscheinungsbild mag anderes suggerieren, doch tatsächlich haben im Welfenschloss an der Herrenhäuser Allee zu keinem Zeitpunkt seiner Existenz irgendwelche welfischen oder sonstigen gekrönten Häupter residiert – auch wenn es ursprünglich sehr wohl so geplant gewesen war.

Ab 1857 in neunjähriger Bauzeit errichtet, sollte der imposante Sandsteinkomplex zur neuen Prunkresidenz von König Georg V. werden. Eigens deshalb war sogar das zuvor an gleicher Stelle gelegene Schloss Monbrillant – ein als Sommerresidenz genutztes Lustschloss aus dem frühen 18. Jahrhundert – abgerissen worden. Der Deutsch-Österreichische Krieg von 1866 machte den herrschaftlichen Plänen schließlich einen Strich durch die Rechnung: Nach der Entthronung der durch ihr Bündnis mit Österreich auf der Verliererseite stehenden Welfen war plötzlich kein Regent mehr da, der das gerade fertiggestellte Bauwerk hätte beziehen können.

So folgte ein mehrjähriger Leerstand, ehe 1875 damit begonnen wurde, die auf königliche Ansprüche ausgelegten Räumlichkeiten für eine etwas profanere Nutzung umzubauen: Vier Jahre später zog die Technische Hochschule ein, die hier als nunmehrige Leibniz-Universität noch heute ihren Sitz hat. Vom auf der alten Aufnahme am rechten Bildrand schemenhaft zu erkennenden Marstallgebäude ist indes nur ein kleiner Teil erhalten geblieben, der zudem durch den 1965 eröffneten Neubau der Uni-Bibliothek verdeckt wird.

DAS SCHLOSS HERRENHAUSEN

Auf den ersten Blick könnte man meinen, es habe sich fast nichts verändert im Großen Garten zu Herrenhausen. Gut, ein paar Palmen sind hinzugekommen und die Wasserfontäne wirkt etwas spartanischer als früher, doch das Schloss thront wie eh und je am nördlichen Ende der Parkanlagen und liefert nicht nur Fotografen ein dankbares Motiv, sondern mitunter auch Hochzeitsgesellschaften eine dem feierlichen Rahmen angemessene Kulisse.

Der Eindruck des unbeschadeten Überdauerns täuscht allerdings, denn bis vor Kurzem existierte anstelle des scheinbar zeitlos daliegenden Gebäudekomplexes nichts als eine gähnende Lücke, die am Abend des 18. Oktober 1943 gerissen worden war: Bei einem Luftangriff auf Hannover verhinderte eine dichte Wolkendecke über der Stadt den gezielten Abwurf der Bomben, die stattdessen weit verstreut niedergingen und unter anderem die ehemalige welfische Sommerresidenz dem Erdboden gleichmachten.

Nachdem das Trümmergrundstück in den Nachkriegsjahren von der Stadt Hannover gekauft worden war, begannen die Diskussionen: Was sollte mit dem brachliegenden Areal geschehen? Jahrzehntelang konnte keine Einigung erzielt werden, unzählige Vorschläge wurden verworfen, bis das kaum noch für möglich Gehaltene schließlich doch wahr wurde: Finanziert aus Mitteln der Volkswagenstiftung, starteten im Sommer 2011 die Arbeiten zur Neuerrichtung des Schlosses, das nun wieder, wie einst von Georg Ludwig Friedrich Laves erschaffen, in einem klassizistischen Erscheinungsbild erstrahlt.

DER GOETHEPLATZ

Ein hohes Gebäude steht noch immer da, wo sich einst die Garnisonkirche in den Himmel reckte, aber ansonsten erinnert am Goetheplatz kaum noch etwas an das Ambiente vor rund 100 Jahren. Im Gegensatz zu vielen anderen Szenerien in Hannover sind es in diesem Falle jedoch nicht unmittelbar alliierte Luftangriffe gewesen, die dafür sorgten, dass das evangelische Gotteshaus der örtlichen Armeeangehörigen nach nur 63-jähriger Existenz den Weg alles Irdischen gegangen ist. 1892 bis 1896 als dreischiffige Säulenbasilika in neoromanischem Stil errichtet und im Inneren mit Wandmalereien von Professor Hermann Schaper reich geschmückt, wurde zwar auch die Garnisonkirche im Zweiten Weltkrieg durch Fliegerbomben beschädigt, doch keineswegs so stark, dass eine

Wiederherstellung nicht möglich gewesen wäre. Erst Vandalismus, Uneinigkeit über die künftige Verwendung und der Mangel an finanziellen Mitteln für eine Sanierung führten in den Nachkriegsjahren zu fortschreitendem Verfall und dem Aufkommen von Abrissplänen, die schließlich 1959 trotz Protesten seitens der Bevölkerung und kirchlicher Würdenträger in die Tat umgesetzt wurden. Zuvor hatte das angrenzende Krankenhaus Friederikenstift das Grundstück käuflich erworben und ließ in der Folgezeit die auch heute noch hier stehenden und mittlerweile als Schwesternwohnheim genutzten Erweiterungsbauten errichten – eine zweifellos notwendige, aber aus architektonisch-ästhetischer Sicht doch zu bedauernde Entscheidung.

DIE NEUE SYNAGOGE

Wenn man nicht genau weiß, wonach man die Augen offen halten soll, kann man leicht an ihr vorbeigehen: Die 1978 geschaffene und 1993 erweiterte Synagogen-Gedenkstätte an der Roten Reihe kommt so unauffällig daher, dass man fast meinen könnte, es habe sich bei dem Bauwerk, an dessen einstige Existenz und Zerstörung sie erinnern soll, um ein kleines, schlichtes Gotteshaus gehandelt.

Tatsächlich aber war die von 1864 bis 1870 nach Plänen von Edwin Oppler als „vortrefflicher gemischter Backstein- und Sandsteinbau mit Vorhalle und Kuppel spätromanischen Stiles" errichtete Neue Synagoge, die die ebenfalls an der damaligen Bergstraße gelegene und für die jüdische Gemeinde zu klein gewordene Alte Synagoge ablöste, ein beeindruckendes architektonisches Meisterwerk und

wurde nicht umsonst zu den „besten Bauten ihrer Art in Deutschland“ gezählt. In ihrem Inneren wartete sie mit einer nicht minder prächtigen Ausstattung in Form von Wand- und Glasmalereien sowie ornamentalem Schmuck auf und bot Platz für 1.100 Menschen.

In der Pogromnacht zum 10. November 1938 wurde die Synagoge von örtlichen SS-Kommandos in Brand gesteckt und brannte komplett aus. Nur wenige Stunden später erfolgte wegen angeblicher Einsturzgefahr die Sprengung der Ruine, die anschließend dem Erdboden gleichgemacht wurde – 26.000 Reichsmark ließ man die jüdische Gemeinde dafür bezahlen. Wo einst die „Perle der hannoverschen Architektur“ stand, beherrschen heute nüchterne Zweckbauten sowie eine Tiefgarage die Szenerie.

DIE MARSTALLBRÜCKE

Allzu viel ist es nicht, was an dem am Fuße der Goethebrücke beginnenden Leineabschnitt noch daran erinnert, wie es hier einmal vor rund 100 Jahren ausgesehen hat. Die einst bis unmittelbar an den Flusslauf herangebauten Häuser sind ebenso verschwunden wie der Rest von „Alt-Venedig". Einzig die im Hintergrund zu sehende Marstallbrücke führt wie eh und je vom Hohen Ufer zum Leibnizufer – allerdings firmiert sie mittlerweile zumindest offiziell nicht mehr unter ihrem althergebrachten Namen, sondern wurde im Dezember 2010 nach dem langjährigen Oberstadtdirektor Martin Neuffer benannt.

Für die meisten Einheimischen ist es ohnehin nur die „Flohmarktbrücke", was natürlich mit ihrer in der Tat tragenden bzw. verbindenden Bedeutung für den jeden Samstag auf beiden Leineufern stattfindenden Altstadt-Flohmarkt zusammenhängt. Gemeinhin

als „ältester Flohmarkt Deutschlands“ apostrophiert, bietet diese Hannoveraner Institution bereits seit 1967 Gelegenheit zum Stöbern und Flanieren, wobei der heutige Standort entlang der Leine erst fünf Jahre später auserkoren wurde.

Wenn sich samstags die Flohmarktwütigen dicht gedrängt über die Brücke schieben, dürfte wohl nur den wenigsten von ihnen gewärtig sein, auf durchaus traditionsbehaftetem Boden zu wandeln – schon 1682 existierte an dieser Stelle eine Holzbrücke, die 1732 durch den noch heute vorhandenen, nach starken Beschädigungen im Zweiten Weltkrieg allerdings zwischenzeitlich umfangreich erneuerten Baukörper aus Stein ersetzt wurde.

DIE LEINE-INSEL

Nein, eine „Insel mit zwei Bergen“ hat es nach Lage der Forschung trotz durchaus reichhaltig vorhandener Wasserflächen in Hannover nie gegeben. Wohl aber eine andere, deren einstige Existenz sich heute allerdings bestenfalls noch erahnen lässt und die es in Sachen Beschaulichkeit auch nicht mit dem idyllischen Lummerland aufnehmen konnte. Umflossen von der Leine und ihrem gegenüber der Pferdeschwemme am Beginenturm in den Flusslauf einmündenden „Brückmühlenarm“, lag ein dicht mit alten Fachwerkhäusern bebautes Viertel, das im späten 17. Jahrhundert vor allem Färber und Gerber bewohnt hatten, ehe es sich im Laufe der Zeit zu einer schlecht beleumundeten „Schmuddelgegend“ entwickelte – das links der Einmündung auf der nördlichen Spitze der Insel stehende

„Gesellschaftshaus Hoppe“, das zeitweise auch unter dem Namen „Zur Inselburg“ firmierte, war noch eines der seriöseren hier ansässigen Etablissements.

Im Zweiten Weltkrieg fiel der Großteil der Bebauung der Insel und der sich nördlich anschließende Teil der Calenberger Neustadt ebenso den Luftangriffen zum Opfer wie die auf der alten Aufnahme links zu sehende, bis 1912 in ihrer damaligen Form existierende und dann durch einen Neubau ersetzte „Sommerbrücke“, die zwar nicht zerstört, aber doch erheblich beschädigt und schließlich 1956 abgerissen wurde. Zu diesem Zeitpunkt war der „Brückmühlenarm“ bereits seit einigen Jahren zugeschüttet und die ehemalige Insel zum autogerechten Leibnizufer umgebaut worden.

ALT-VENEDIG

Auch wenn der letzte Venedig-Besuch schon ein Weilchen zurückliegen mag, dürfte sich so mancher Betrachter des alten Fotos auf den ersten Blick tatsächlich eher an ein Motiv aus der norditalienischen Lagunenstadt als an eines aus dem Hannover des frühen 20. Jahrhunderts erinnert fühlen: Ein enger Kanal, dicht gesäumt von mehr oder minder heruntergekommenen, bis unmittelbar an das Wasser gebauten Häuserzeilen, und eine zumindest unterschwellig leicht morbide Atmosphäre lassen ohne Weiteres nachvollziehen, weshalb dieser Teil der Altstadt im Volksmund einst „Alt-“ bzw. „Klein-Venedig“ genannt wurde.

Vor allem die rechter Hand gelegene Leine-Insel galt dabei als reichlich verrufenes Pflaster: Hier erstreckte sich ein Rotlichtviertel,

in dem zwischen 1918 und 1924 auch der mittlerweile in die Stadtfolklore eingegangene Fritz Haarmann viele seiner Opfer fand. Die meisten von ihnen waren junge männliche Prostituierte, deren zerstückelte Leichen Haarmann einfach in die Leine warf, wo im Zuge der Ermittlungen Knochen von mindestens 22 Menschen gefunden wurden – auch im abgebildeten Flussabschnitt.

Die auf dem neuen Foto zu sehende Mauer ist heute das letzte Überbleibsel der ehemaligen Inselbebauung. Inzwischen so marode, dass immer wieder einmal Steine aus ihr herausfallen, soll sie nach neuesten Plänen allerdings nicht etwa saniert, sondern durch eine zur Leine hinabführende Treppe ersetzt werden – Kritiker sprechen nicht ganz zu Unrecht davon, dass hier „Geschichte zerstört" werde.

AM HOHEN UFER

Ob sich der Name der Stadt Hannover tatsächlich vom „Hohen Ufer" („Honovere") ableiten lässt, was lange Zeit als die schlüssigste Erklärung angesehen wurde, wird in Fachkreisen zwar seit Neuestem wieder etwas stärker angezweifelt. Unumstritten ist jedoch, dass man sich hier an jenem Ort befindet, wo gegen Mitte des 10. Jahrhunderts aus einem oberhalb einer Leinefurt gelegenen Lehnshof ein zunächst namenloser kleiner Marktflecken entstand, der zur Keimzelle des heutigen Hannovers werden sollte.

Die stadthistorische Bedeutung des Hohen Ufers versinnbildlicht auch der Beginenturm, der als ehedem stärkster Wehrturm der mittelalterlichen Stadtbefestigung schon im Jahr 1357 erstmalig erwähnt wurde – zu seiner Errichtung griff man unter anderem auf Material des acht Jahre zuvor abgerissenen Vorgängerbaus der Marktkirche zurück. Seinen etwas ungewöhnlichen Namen erhielt der Turm nach dem Standort im Garten der Beg(u)inen, einer rein weiblichen Ordensgemeinschaft ohne Klostergelübde, die seit dem 13. Jahrhundert auf einem langgestreckten Grundstück entlang des Hohen Ufers ansässig war.

Die Umrisse des auf der alten Postkarte vor dem Turm zu sehenden Fachwerkhauses, das ebenso wie der Rest der den Klostergang links und rechts säumenden Häuserzeilen den Luftangriffen im Zweiten Weltkrieg zum Opfer fiel, sind bei genauem Hinsehen übrigens noch heute als Abdrücke im Mauerwerk zu erkennen, obwohl der Turm – inzwischen Teil des Historischen Museums – anno 2011 umfangreich saniert worden ist.

DIE HAHN'SCHE BUCHHANDLUNG

Als Elisabeth Freifrau von Schütz zu Holthausen, ihres Zeichens Inhaberin der seit Generationen familiengeführten Hahn'schen Buchhandlung, im Frühjahr 2013 verkündete, das Hannoveraner Stammhaus aufzugeben und die Geschäfte künftig von Peine aus abzuwickeln, bedeutete dies das Ende einer überaus traditionsreichen Verbindung: Am 4. Juni 1792 mit der Konzession zum Betrieb einer Buchhandlung ausgestattet, hatten Heinrich Wilhelm und Bernhard Dietrich Hahn rund vier Monate später ihre Geschäftsräume im Haus Leinstraße 32 bezogen, wo das Unternehmen fortan über 220 Jahre lang ansässig sein sollte.

Die zunächst schlicht unter dem Namen „Gebrüder Hahn" firmierende Sortiments- und Verlagsbuchhandlung begann schon bald zu expandieren, durfte sich ab 1817 offiziell „Hahn'sche Hofbuchhandlung" nennen und rückte 1826 mit der Herausgabe des ersten Bandes der Quellensammlung „Monumenta Germaniae Historica" endgültig in die vorderste Reihe des deutschen Verlagswesens auf.

Selbst der Zweite Weltkrieg konnte die Liaison Hahn/Hannover nicht auseinanderbringen: Nachdem das auf dem alten Foto zu sehende Verlagshaus im Sommer 1943 durch Fliegerbomben zerstört worden war, wurde nach dem Krieg an gleicher Stelle ein Neubau errichtet, der einen weitgehend originalgetreu rekonstruierten Eingangsbereich samt Erker erhielt. Ob nach dem nunmehrigen Auszug des Verlags etwaige Nachmieter allerdings sonderlich viel mit dem in den Türsims eingearbeiteten Hahnenemblem werden anzufangen wissen, bleibt abzuwarten.

DIE LEINSTRASSE

Es ist zwar kein Ding der Unmöglichkeit, aber doch eine kleine Herausforderung, bei einem Bummel durch die Hannoveraner Innenstadt eine Stelle zu finden, an der die Luftangriffe des Zweiten Weltkriegs keine bis zum heutigen Tag nachwirkenden Spuren hinterlassen haben. Annähernd eine Million Brand-, Phosphor- und Sprengbomben sowie 1.000 Luftminen wurden insgesamt über der Stadt abgeworfen und sorgten dafür, dass in weiten Teilen wortwörtlich kein Stein auf dem anderen blieb. Einer der verheerendsten Angriffe geschah am 26. Juli 1943, als auch die Leinstraße ins Visier geriet und viele der sie säumenden Gebäude unwiederbringlich verloren gingen. Während vom links zu sehenden Leineschloss mit seinem klassizistischen Portikus und den sechs korinthischen Säulen

wenigstens die Außenmauern blieben, wurde das rechts gelegene Alte Palais komplett dem Erdboden gleichgemacht. Ein Jammer, schließlich strotzte der 1752 erbaute Komplex geradezu vor Historie und war unter anderem königliche Winterresidenz, Geburtshaus der späteren Königin Friederike von Hannover sowie Sterbeort von König Ernst August I. gewesen. Mit einer ähnlich schillernden Vergangenheit kann die sich im Hintergrund erhebende Gebäudegruppe am Holzmarkt zwar nicht aufwarten, aber immerhin findet sich hier die auf dem neuen Foto zentral zu erkennende „Reinkarnation“ des Leibnizhauses und in Gestalt des rechts danebenstehenden Noltehauses von 1881 eines der wenigen den Krieg halbwegs unbeschadet überdauernden Altstadt-Häuser.

DAS LEINESCHLOSS

Wer bei dem Wort „Schloss“ sogleich an ein verwunschenes, von weitläufigen Gärten umgebenes und verschwenderisch mit Türmchen und sonstigem Schmuckwerk ausstaffiertes Prunkgebilde der Kategorie Neuschwanstein denkt, dürfte sich vor allem zu früheren Zeiten ein bisschen schwer damit getan haben, das Leineschloss vorbehaltlos als ein solches zu akzeptieren: Mitten in der Innenstadt, in unmittelbarer Nähe der Behausungen des „einfachen Volkes“ bzw. des Rotlichtviertels der Leineinsel gelegen, strahlte zumindest die Rückseite der ehemaligen Residenz zwar durchaus Erhabenheit, aber eben nicht unbedingt etwas Märchenhaftes aus.

Ursprünglich war es in der Umgebung des ab 1637 als bescheidenes Fachwerkgebäude errichteten und nach zahlreichen Um- bzw.

Erweiterungsbauphasen schließlich zwischen 1816 und 1844 zu seinem heutigen Aussehen gelangten Komplexes sogar noch profaner zugegangen als auf dem alten Foto zu sehen – Herzog Ernst-August hatte 1680 den Abriss diverser Wohnhäuser auf dem linksseitigen Leineufer befohlen, um zum einen eine Schlossfreiheit, zum anderen wohl auch eine etwas schönere Aussicht zu schaffen.

Nachdem das Leineschloss im Zweiten Weltkrieg bis auf die Außenmauern niedergebrannt war, wurde die Ruine ab 1957 als künftiger Sitz des niedersächsischen Landtags wieder hergerichtet und dabei auch der prägnante Wintergarten restauriert: 1839 zur Unterbringung der Pflanzensammlung von Königin Friederike geschaffen, dient er heute dem Landtagspräsidenten als Arbeitszimmer.

DIE FLUSSWASSERKUNST

Zwar wäre angesichts der nach 1945 allgegenwärtigen Zerstörung die Annahme durchaus naheliegend, allein der Zweite Weltkrieg sei schuld daran, dass heute im Hannoveraner Stadtbild nur noch weniges an die Zeit vor rund 100 Jahren erinnert. Tatsächlich jedoch ist keineswegs alles, was im Innenstadtbereich an historischen Gebäuden das Zeitliche gesegnet hat, den Luftangriffen zum Opfer gefallen – mitunter waren auch ganz normale Baggerschaufeln am Werk. Die Flusswasserkunst beispielsweise, die ungeachtet ihres pompösen Äußeren im Inneren keinem anderen Zweck diente, als zur Versorgung der Bevölkerung Nutzwasser aus der Leine emporzupumpen, war von Bomben weitgehend verschont geblieben und kann heute trotzdem nur noch auf alten Fotos bewundert werden: 1963 befand

Stadtbaurat Rudolf Hillebrecht, das 1896 bis 1898 errichtete Gebäude sei eine „Schranke", die unter anderem den Blick auf den neuen Landtagsanbau am Leineschloss versperre. So rollten bald die Abrissbirnen heran, und aus heutiger Sicht möchte man angesichts dieser Entscheidung doch ein wenig die Hände über dem Kopf zusammenschlagen und den Blick gen Himmel wenden.

Apropos Himmel: Der Platz vor der Flusswasserkunst, der ebenso wie der monumentale Brunnen in den frühen 1960er-Jahren der Erweiterung des Friedrichswalles weichen musste, hieß in Anlehnung an eine einst hier befindliche Bastion der alten Stadtbefestigung „Am Himmelreich" – passenderweise residierte unter dieser Adresse lange Zeit auch das städtische Standesamt.

DER WATERLOOPLATZ

Beginnen wir mit einer kleinen, nicht ganz ernst gemeinten Quizfrage: Nach welchem Ereignis ist der Waterlooplatz benannt? Wer nun womöglich den mit dem Lied „Waterloo“ errungenen Sieg von ABBA beim Eurovision Song Contest 1974 ins Feld führt, beweist damit zwar Expertentum in Sachen Popmusik, aber zugleich eine frappierende Unkenntnis der europäischen Geschichte – es ist natürlich die Schlacht bei Waterloo, in der Napoleons Armee anno 1815 ihre ultimative Niederlage erlitt. Auch Truppen des Königreichs Hannover waren mit daran beteiligt, dass der französische Feldherr sein später sprichwörtlich gewordenes „Waterloo“ erlebte. Zum Gedenken an diese historische Begebenheit wurde ab 1825 auf einer Esplanade im Bereich des abgetragenen Stadtwalls der Waterlooplatz

samt 46 Meter hoher Siegessäule angelegt, der fortan (wie auf der alten Postkarte zu sehen) vor allem als Parade- und öffentlicher Exerzierplatz für die in den umliegenden Kasernen stationierten Soldaten diente.

Diese militärische Nutzung des Areals ist mittlerweile längst Geschichte – die im Zweiten Weltkrieg vielfach beschädigten bzw. zerstörten Kasernenanlagen sind größtenteils Neubauten für Regierungs- und Verwaltungseinrichtungen gewichen, und der Platz selbst, unter dem 1965 der erste Spatenstich zum Bau der Stadtbahn Hannover erfolgte, wird heute bei Zirkus-Gastspielen oder im Rahmen von Public-Viewing-Veranstaltungen bei Fußball-Großereignissen von mehrheitlich deutlich pazifistischer gesinnten Menschen bevölkert.

DAS NEUE RATHAUS VON SÜDEN

Exakt 100 Jahre hat es nun auf dem Buckel, das Neue Rathaus, und im Aussehensvergleich mit anderen tatsächlich „neuen" Exemplaren seiner Art gibt es gewiss nicht die schlechteste Figur ab. Der Legende nach zeigte sich allerdings zumindest Wilhelm II. nicht übermäßig beeindruckt, als ihm Stadtdirektor Heinrich Tramm am 20. Juni 1913 stolz das Bauwerk präsentierte und Beifall heischend bemerkte: „Zehn Millionen Mark, Majestät, und alles bar bezahlt!" – des Kaisers Reaktion war nicht etwa ein anerkennendes: „Donnerwetter!", sondern lautete schlicht: „Schön isset ja nich, aba jroß."

Über den ersten Teil dieser Einschätzung kann man sicherlich unterschiedlicher Meinung sein, an der Richtigkeit des zweiten gibt es jedoch nichts zu rütteln: Mit seiner Höhe von exakt 97,73 Metern

löste das Rathaus den 47 Zentimeter kleineren Turm der Marktkirche als damals höchstes Bauwerk der Stadt ab und hält sich noch heute beharrlich unter den Top 3 – lediglich Telemax und Telemoritz, die beiden Fernmeldetürme, musste es an sich vorbeiziehen lassen.

Ob Wilhelm II. trotz seiner eher nüchternen Bewertung der Architektur wenigstens beim anschließenden Einweihungsfestmahl ins Schwärmen geriet, ist übrigens nicht überliefert. Es sollte aber anzunehmen sein, denn nach einer Ochsenschwanzsuppe gab es Rheinlachs mit Krebstunke, Hannoveraner Kalbsrücken auf Frühlings-Art, Straßburger Gänseleberpastete sowie Elsässische Kapaunen. Dazu wurde unter anderem ein 1904er Château Mouton d'Armailhac gereicht.

BLICK VOM RATHAUS NACH SÜDOSTEN

Unter ausgeprägter Höhenangst sollte nicht leiden, wer das „Dach von Hannover" erklimmen, sprich: sich auf den Weg zur Aussichtsplattform oberhalb der Kuppel des Neuen Rathauses machen will. Und auch ein gewisses Maß an Abenteuerlust kann keineswegs schaden, denn es ist beileibe nicht nur die Höhe, die sensiblen Menschen die Knie schon mal ein bisschen weich werden lässt – bereits die Auffahrt hat es in sich. Man wird nicht etwa mit einem schnöden 08/15-Fahrstuhl nach oben befördert, sondern reist im weltweit einzigen Bogenaufzug, dessen Bahn sich der Krümmung der Rathauskuppel anpasst.

So erreichen die Fahrgäste letztlich (ohne es aufgrund des sich zum Ausgleich mitneigenden Kabinenbodens zu merken) quasi in

Schräglage das Ziel, wo sie nur noch ein paar Treppenstufen von einer wahrhaft spektakulären Aussicht trennen: Bis zum Deister, bei idealen Bedingungen sogar bis zum Harz reicht der Fernblick, wobei jedoch auch die nähere Umgebung Sehenswertes zu bieten hat. Nach Südosten schauend, fällt beispielsweise im Vordergrund das ehemalige Provinzial- und heutige Niedersächsische Landesmuseum ins Auge, dessen Kuppel im Zweiten Weltkrieg ebenso zerstört wurde wie Teile der etwas weiter dahinter zu erkennenden Pauluskirche.

Nicht nur das Aufscheinen des Maschsees am rechten Bildrand der neuen Aufnahme bietet übrigens Gelegenheit, einmal mit einem Vorurteil aufzuräumen: Dass Hannover angeblich „grau und trist" ist, lässt sich spätestens von hier oben aus ins Reich der Fabel verweisen.

BLICK VOM RATHAUS NACH NORDEN

Im Gegensatz zu dem von viel Grün und verhältnismäßig wenig Wandel im Stadtbild geprägten Blick nach Südosten präsentiert sich Hannovers Silhouette vom Neuen Rathaus aus in Richtung Norden betrachtet schon eher wie die einer Metropole des 21. Jahrhunderts – mit allem, was dazugehört, auch einer Reihe eher zweckmäßig als charmant daherkommender moderner Bauten. Das nur schwer als „magisch“ zu bezeichnende Gebäude-Dreieck jenseits des Opernhauses zum Beispiel, bestehend aus dem wahlweise „Pusteblume“ oder „Telemoritz“ genannten Ex-Fernmeldeturm, dem Lister-Tor-Hochhaus und dem Sparkassen-Komplex am Raschplatz, hatte vor 100 Jahren gewiss niemand auf der Rechnung. Dafür war die Aegidienkirche noch keine Ruine, zu Füßen der Marktkirche erstreckte sich noch die

erste Version der Markthalle (zu erkennen an der langen Dachgalerie) und anstelle des heutigen Hotelkomplexes wurde der mondäne Friedrichswall von Bürgervillen sowie der an der Ecke zum Neuen Weg gelegenen Kunstgewerbeschule gesäumt, an der unter anderem Kurt Schwitters kurzzeitig studierte und die wie so vieles andere den Luftangriffen des Zweiten Weltkriegs zum Opfer fiel.

Aber nicht alles, was seit Entstehen der alten Aufnahme neu hinzugekommen ist, muss sich vor den gestrengen Augen des Publikums verstecken: Die links der Marktkirche erstrahlende Kupferkuppel des 1927/28 erbauten Anzeiger-Hochhauses beispielsweise verleiht der Szenerie zweifellos Glanz und zählt heute nicht umsonst zu den liebgewonnenen Wahrzeichen der Stadt.

DAS NEUE RATHAUS VON NORDEN

Dass Höhenangst bei einem Besuch des Neuen Rathauses durchaus zu einem Problem werden kann, ist an anderer Stelle bereits thematisiert worden. Doch auch wer aufgrund nicht vorhandener Schwindelfreiheit auf eine Aufzugsfahrt zur Kuppel verzichtet und stattdessen lieber in der Rathaushalle verweilt, hat dort tatsächlich weniger festen Boden unter den Füßen, als man annehmen möchte.

Wo heute nämlich das Rathaus steht, erstreckten sich bis in die 1890er-Jahre noch die feuchten Wiesen der Aegidienmasch, deren sumpfiger Untergrund es nötig machte, zunächst einmal nicht weniger als 6.026 Buchenpfähle in den Boden zu rammen, um das meterdicke Betonfundament für den Neubau legen zu können – ob angesichts dieses Aufwands der ursprünglich angedachte

Rathaus-Standort an der Goseriede nicht doch die vernünftigere Alternative gewesen wäre, ist mittlerweile müßig zu diskutieren.

Nachdem sich der Architekt Hermann Eggert 1897 in einer Ausschreibung mit seinem Entwurf durchgesetzt hatte, sollten dann auch 16 Jahre vergehen, ehe das schlossähnliche Gebäude schließlich offiziell eingeweiht werden konnte – die ersten Büros waren zwar bereits 1907 bezugsfertig und Kuppel sowie Türme bis 1908 fertiggestellt, doch über die Innenausstattung kam es zum Streit zwischen Eggert und Stadtdirektor Heinrich Tramm, sodass 1909 mit Gustav Halmhuber ein anderer Architekt das Ruder übernahm und für die Gestaltung der nach Kriegszerstörungen heute nur noch teilweise in Originalform erhaltenen Einrichtung sorgte.

DIE BREITE STRASSE

Wer im Mittelalter aus Richtung Hildesheim kommend den Hannoveraner Marktplatz ansteuern wollte, der sah sich bald nach Passieren des äußeren Aegidientors einem weiteren, unbefugt nur schwer zu überwindenden Hindernis gegenüber: dem inneren Torturm, der mitten auf der Breiten Straße stand und die letzte Bastion zur Abwehr böswilliger Zeitgenossen darstellte.

An den Torturm, der 1748 bereits vor der Niederlegung der restlichen Stadtbefestigung abgerissen wurde, erinnert heute nur noch eine Infotafel, und auch die Breite Straße hat ihren Status als südöstliche Hauptzufahrt zur Altstadt längst eingebüßt. In ihrem Namen jedoch spiegelt sich nach wie vor die einstige Funktion wider – für die zum Markt rollenden Fuhrwerke war eben eine aus damaliger Sicht besonders breite Straße vonnöten.

Eines der schönsten an dieser „Verkehrsader" gelegenen Gebäude war das auf dem alten Foto zu sehende, Mitte des 16. Jahrhunderts errichtete Bürgerhaus mit dem gotischen

Treppengiebel, das nach der hier von 1742 bis 1760 ansässigen Justizeinrichtung zumeist „Alte Kanzlei“ genannt wurde. Ebenso wie die Aegidienkirche zur Linken fiel das ab 1873 der Kaffeerösterei von Ernst Grote als Firmensitz dienende Gebäude im Zweiten Weltkrieg den Luftangriffen zum Opfer. Einen ungefähren Eindruck von seinem Erscheinungsbild kann man sich heute noch an der Ecke zum Georgswall machen – das dort 1935/36 als Erweiterungsbau der Kaffeefirma entstandene Grote-Haus ist eine „angepasste Kopie“ des vormaligen Kanzleigebäudes.

DIE AEGIDIENKIRCHE

Einst zählte sie zu den stolzesten Sakralbauten der Stadt, heute ist sie nur noch eine ausgebombte, allerdings sowohl optisch als auch hinsichtlich des Symbolwerts nach wie vor beeindruckende Ruine: die Aegidienkirche, seit ihrer Zerstörung wie kaum etwas anderes in Hannover Sinnbild für die verheerenden Folgen der Luftangriffe des Zweiten Weltkriegs und Mahnmal für alle Opfer von Krieg und Gewalt.

Es war in der Nacht vom 8. auf den 9. Oktober 1943, als britische Bomberverbände neben diversen Zielen im Süden der Stadt ebenfalls zum wiederholten Mal zentrumsnahe Gebiete ins Visier nahmen und mit ihrer tödlichen Fracht letztlich auch die Aegidienkirche trafen – vier Jahre vor dem 600. Jubiläum des Baubeginns brannte das ab 1347 anstelle einer romanischen Vorgängerbasilika im gotischen Stil errichtete und im Lauf der folgenden Jahrhunderte außen wie innen mehrfach umgebaute Gotteshaus komplett aus.

Lediglich der Turmstumpf, dessen zum Teil immer noch rußgeschwärzte Steine bis heute Zeugnis von dem Inferno jener Nacht ablegen, und die Umfassungsmauern mit den markanten Seitenschiffgiebeln trotzten dem Feuersturm. 1958 erhielt der Turm anstelle seiner zerstörten Haube einen neuen Aufsatz samt Glockenspiel, und seit 1985 verfügt er zudem über eine von Hannovers im Zweiten Weltkrieg ebenfalls schwer gebeutelter Partnerstadt Hiroshima gestiftete Friedensglocke. Der offen daliegende ehemalige Kirchenraum wurde derweil als schlichte, aber doch stimmungsvolle Gedenkstätte hergerichtet.

DIE MARKTSTRASSE

Die Aegidienkirche ist wenigstens noch als mahnende Ruine erhalten geblieben – nur ein paar Schritte weiter hingegen, auf der Westseite des Aegidienkirchhofs, erinnert heute so gut wie gar nichts mehr an die Szenerie vor rund 100 Jahren. Allein der Straßenverlauf bzw. dessen charakteristische Krümmung lassen erahnen, tatsächlich am „richtigen", das heißt auf der alten Aufnahme abgebildeten Ort zu sein.

Wo einst in einem prächtigen Fachwerkhaus an der Gabelung von Marktstraße und Köbelingerstraße die Kolonialwarenhandlung von Carl Behne residierte, es auf der anderen Straßenseite in einer Art frühem Toto-Lotto-Laden neben Zigarren, Lotterielosen und Zeitungen auch „Scherz- und Vexir-Artikel" sowie Feuerwerkskörper zu erwerben gab und ganz allgemein ein recht lebhaftes Treiben

herrschte, erstreckt sich heute der ohne große Umschweife als öde zu bezeichnende Köbelinger Markt inklusive Parkplatz und dem eher zweckmäßigen denn schönen Bürgeramtsgebäude dahinter.

Auch der nach dem nicht zuletzt durch seine Berichterstattung über den Haarmann-Prozess deutschlandweit zu großer Bekanntheit gelangten Publizisten Theodor Lessing benannte Platz zur Linken sprüht bei objektiver Betrachtung nicht gerade vor charmanter Atmosphäre. Diese war allerdings schon zu früheren Zeiten nur bedingt gegeben, denn das seit Ende des 18. Jahrhunderts hier ansässige Broyhan'sche Brauhaus ließ oft den typischen, nicht zwangsläufig von jedem als angenehm empfundenen Brauerei-Geruch durch die Straßen wehen.

des Machines“ gestaltete Markthalle auf einer Fläche von 84 mal 48 Metern Platz für 243 Verkaufsstände und wurde fortan für gut ein halbes Jahrhundert zum „Bauch von Hannover“, ehe am 26. Juli 1943 amerikanische Fliegerbomben dieses Kapitel der Stadtgeschichte beendeten.

Die 1955 auf den Grundmauern des alten Gebäudes errichtete neue Markthalle kann sich trotz solcher langjähriger Händler-Originale wie Oma Duhnsen in Sachen Ausstrahlung nicht ganz mit dem Vorgängermodell messen. Und ob sie tatsächlich auch heute noch, in Zeiten von Lebensmitteldiscountern und Fast-Food-Imbissen an nahezu jeder Ecke, den „Bauch von Hannover“ verkörpert, sei einmal dahingestellt.

DIE KÖBELINGERSTRASSE

Angesichts all der Zerstörungen und unwiederbringlichen Verluste an historischem Gebäudebestand, die Hannovers Altstadt im Zweiten Weltkrieg erleiden musste, hat es fast schon etwas Feierliches an sich, wenn man einmal auf einen Straßenzug trifft, in dem alles beim Alten geblieben ist – scheinbar, denn bei etwas genauerem Hinsehen offenbaren sich auch im Falle des Blickes durch die Köbelingerstraße einige Veränderungen, die allerdings diesmal nicht auf kriegerische Ursachen zurückzuführen sind.

So musste das auf dem alten Foto rechts zu sehende Fachwerkgebäude, das ungeachtet seiner Nachbarschaft zum Alten Rathaus keine städtischen Einrichtungen beherbergte, sondern ein profanes Wohn- und Geschäftshaus war, 1890/91 dem Bau eines weiteren Rathausflügels an der neu geschaffenen Verlängerung der Karmarschstraße weichen. Ungefähr zur selben Zeit wurde auch die an den beiden applizierten Sandsteinstatuen links zu erkennende alte Rathsapotheke abgerissen und durch einen Neubau ersetzt, der heute noch steht – inklusive besagter Statuen, die vom Vorgängergebäude herübergerettet wurden.

Tatsächlich mehr oder weniger die Alte geblieben ist schließlich die Marktkirche. Obgleich auch die älteste der drei innerstädtischen Pfarrkirchen 1943 durch Bombentreffer teilweise zerstört wurde, trugen Außenmauern, Säulen und der größte Teil des Dachstuhls keine bleibenden Schäden davon, sodass Hannovers Wahrzeichen heute wie eh und je über weltliche Dinge erhaben auf die Stadt hinabblickt.

Für einen nicht nach traditionellem Muster homogen gewachsenen, sondern aufgrund zwischenmenschlicher Irrungen und Wirrungen aus Angehörigen mehrerer unterschiedlicher Herkunftsfamilien heterogen zusammengesetzten Lebensverbund hat sich seit einiger Zeit der Begriff Patchwork-Familie eingebürgert. In Anlehnung daran könnte man das Alte Rathaus durchaus als „Patchwork-Rathaus“ bezeichnen, denn die diversen Gebäudeflügel des Gesamtkomplexes können ihre Herkunft aus verschiedenen Epochen trotz umfangreicher Stilbereinigungsmaßnahmen letztlich nicht ganz verbergen.

Der im Bild zu sehende Marktflügel beispielsweise stammt in seinen Ursprüngen aus der Zeit um 1230 und stellt somit den ältesten Teil des Rathauses dar. Sein heute vorherrschendes Erscheinungsbild

eines gotischen Backsteinbaus erhielt er indes in der zweiten Hälfte des 14. Jahrhunderts, derweil die Gerichtslaube um 1490 angebracht wurde und der an der Köbelingerstraße gelegene „Dogenpalast“-Flügel sogar erst in den 1840er-Jahren hinzugekommen ist.

Rund eine Generation später verlor das Alte Rathaus einen Großteil seiner repräsentativen Bedeutung, als der Magistrat der Stadt in das Wangenheim-Palais umzog. Für öffentliche Zwecke genutzt wird heute nur noch der „Dogenpalast“ – in ihm ist das Trauzimmer des Standesamts untergebracht, und jene Frischvermählten, die sich vor den historischen Mauern zu einem Erinnerungsfoto aufstellen, denken gewiss nicht daran, dass aus ihnen einmal eine Patchwork-Familie werden könnte.

DER MARKTPLATZ

Man stelle sich einmal vor, auf der historischen Fotografie wären das Alte Rathaus und der Marktbrunnen nicht mit abgebildet – wer käme dann in Anbetracht des heutigen Erscheinungsbildes auf die Idee, dass es sich bei dem Motiv tatsächlich um die Westseite des Marktplatzes handelt? Nichts erinnert hier mehr an die einstige Szenerie, an die prächtigen Bürgerhäuser, die allesamt im Zweiten Weltkrieg zerstört und in Gestalt des ab 1968 entstandenen Hotelneubaus atmosphärisch letztlich nicht adäquat ersetzt wurden.

Das an der Ecke zum Bohlendamm gelegene Haus Holste war 1662 nach Plänen von Ratsbaumeister Adrian Siemerding errichtet worden und beherbergte zum Zeitpunkt des Entstehens der alten Aufnahme im Erdgeschoss eine Gaststätte, während im sich

rechts anschließenden Haus Windheim aus dem Jahr 1565 neben der Heine'schen Fleischerei sowie einem Bürstenwaren-Laden auch die Papierhandlung von Theodor Borchers ansässig war, der nebenbei eine kleine Leihbibliothek betrieb. Die Timmann'sche Band-, Garn-, Strumpf- und Kurzwarenhandlung schließlich hatte nicht nur Haushaltsartikel, sondern auch Fahrräder im Angebot und firmierte zudem als Hauptagentur der Nähmaschinen-Firma Singer. Ein ähnlich vielfältiges und buntes Warenangebot findet sich am Marktplatz heute vor allem zur Winterzeit, wenn rund um die Marktkirche und den seit 1960 nicht mehr an seinem ursprünglichen Standort mitten vor dem Rathaus stehenden Brunnen einer der größten und bekanntesten Weihnachtsmärkte Deutschlands stattfindet.

Es begab sich im Jahr 1888, dass in der Königlichen Polizeidirektion ein Beschwerdebrief an den Rat der Stadt aufgesetzt wurde. Inhalt: die „unhaltbaren Verkehrsstörungen an den Markttagen" und die Forderung, diesen Zuständen endlich Abhilfe zu schaffen. In der Tat präsentierte sich die Marktsituation damals chaotisch – jeden Dienstag und Samstag waren die Straßen der Altstadt von Händlern mit ihren Karren, Waren und Kunden verstopft, der Verkehr kam zum Erliegen, und heutige Lebensmittelkontrolleure wären angesichts der hygienischen Verhältnisse gewiss schreiend davongelaufen.

Also beschloss die Stadtverwaltung, den sich häufenden Beschwerden nachzugeben und das Geschehen durch Einrichtung eines zentralen Marktstandortes in geordnete Bahnen zu lenken. 1892 feierlich eröffnet, bot die in Anlehnung an die Pariser „Galerie

DIE SCHMIEDESTRASSE

Für die Autoren eines Buches mit dem Untertitel „Eine Stadt verändert ihr Gesicht“ sollten ästhetische Aspekte eigentlich hinter dem Anspruch zurücktreten, besagten Wandel möglichst unverfälscht zu dokumentieren, auch wenn die Ergebnisse nicht immer hübsch anzuschauen sind. Im Falle des Leibnizhauses allerdings wären wir beinahe der Versuchung erlegen, den Grundsatz „Authentizität vor Schönheit“ einmal über Bord zu werfen, auf eine Ansicht der heutigen Szenerie zu verzichten und stattdessen lieber die Rekonstruktion des Hauses an seinem neuen Standort abzulichten.

Ursprünglich 1648 bis 1652 an der Schmiedestraße errichtet, galt das Gebäude mit seiner reich geschmückten Fassade als „bedeutendstes Renaissance-Bürgerhaus Hannovers“ und erhielt 1698 zusätzlichen Glanz, als Gottfried Wilhelm Leibniz eine Wohnung im ersten Stock bezog. Auch die sonstige Umgebung konnte mit illustrer

Bewohnerschaft aufwarten: Linker Hand beispielsweise machten anno 1867 Karl Marx und Friedrich Engels Station, in einem Haus auf der gegenüberliegenden Straßenseite wurde 1886 die später international bekannte Tänzerin und Choreografin Mary Wigman geboren.

All diese Historie ging 1943 im Bomben-Feuersturm unter, und erst 40 Jahre später wurde die Fassade des Leibnizhauses im Zuge der Errichtung eines Gebäudeensembles am Holzmarkt rekonstruiert, sodass man sich seither zumindest dort einen Eindruck von seiner einstigen Pracht verschaffen und das heute an der Stelle des Originalstandorts gelegene Parkhaus getrost vergessen kann.

Gibt man auf manchen Internet-Suchseiten den Namen „Hannover“ ein, wählt dann die Kartenfunktion und zoomt anschließend möglichst weit in den Stadtplan hinein, so endet die virtuelle Reise ziemlich genau hier: an der heute offiziell Platz der Weltausstellung genannten Kreuzung von Karmarschstraße und Osterstraße, die nur unwesentlich vom tatsächlichen geografischen Mittelpunkt der Stadt in der Schmiedestraße entfernt ist und mit den diversen sie säumenden Geschäften bereits vor über 100 Jahren zu einem Einkaufsbummel einlud.

Wer beispielsweise nach einem Besuch im links an der Ecke zur Grupenstraße zu sehenden Möbelhaus von Julius Mendelsohn noch ein paar Dinge des alltäglichen Gebrauchs besorgen wollte, wurde mit

ziemlicher Sicherheit bei Max Molling an der Seilwinderstraße fündig, dessen imposantes Warenhaus auf dem heutigen Kaufhof-Areal laut Adressbucheintrag von 1868 auch als „Lager chinesischer Artikel" diente – was immer darunter genau zu verstehen gewesen sein mag.

Etwas weniger exotische, dafür nicht minder hochwertige Waren gab es derweil im 1822 von Johann Georg von der Linde gegründeten und 1890 auf das Eckgrundstück zur Karmarschstraße umgezogenen Wäsche- und Aussteuergeschäft zu erwerben, das noch heute hier ansässig ist. Allerdings residiert man mittlerweile nicht mehr in denselben Räumlichkeiten, denn ebenso wie weite Teile der sonstigen historischen Bebauung wurde der auf dem alten Foto zu sehende Firmensitz im Zweiten Weltkrieg dem Erdboden gleichgemacht.

DIE GEORGSTRASSE RICHTUNG WESTEN

Es gehört kein sonderlich ausgeprägtes detektivisches Gespür dazu, um zu erkennen, dass die Georgstraße Hannovers Einkaufs- und Geschäftsstraße Nummer eins ist. Ebenso klar ersichtlich sollte spätestens beim Betrachten des alten Fotos sein, dass sie diesen Status nicht erst seit jüngster Zeit hat, sondern bereits im frühen 20. Jahrhundert eine das Herz aller Shoppingfreunde erquickende Flaniermeile war, auch wenn es damals etwas mehr auf den Verkehr zu achten galt als heute. Anno 1787 auf einem ehemaligen Abschnitt der alten Stadtbefestigung angelegt, hatte sich die Straße vor allem im Zuge des Entstehens der Ernst-August-Stadt zu einem gründerzeitlichen Prachtboulevard entwickelt, an dem die unterschiedlichsten Geschäfte und Institutionen ansässig waren – so befand sich z.B. im

Erdgeschoss des Eckhauses jenseits der Großen Packhofstraße ein Verkaufsladen der Sprengel'schen Schokoladenfabrik, während in den Stockwerken darüber seit 1907 die kaufmännische Privatschule von Friedrich Buhmann Kurse in Buchführung, Stenografie und Maschinenschreiben anbot. Der Turmaufsatz des „Sprengelhauses“ ging ebenso im Zweiten Weltkrieg verloren wie das einst links zu sehende Eckgebäude zur Karmarschstraße, an dessen Stelle 1948/49 das Europa-Haus aus dem Trümmerboden gestampft wurde. Auch das frühere Haus Heinemann mit dem „Wiener Café“ fiel den Luftangriffen zum Opfer – in Gestalt des 1952 für das Kaufhaus Magis errichteten Neubaus wurde aber immerhin ein zumindest markanter Ersatz geschaffen.

DER KRÖPCKE

Selbst bei einer überregionalen Umfrage zum Thema „Was fällt Ihnen als Erstes ein, wenn Sie an Hannover denken?" dürfte sein Name mit am häufigsten fallen: der Kröpcke. Allenfalls vielleicht noch der Zoo und Hannover 96 können in Sachen Bekanntheitsgrad mit ihm konkurrieren, wobei es gar keine Rolle spielt, ob tatsächlich der Platz oder aber das ursprünglich namensgebende Café gemeint ist – den Kröpcke kennen alle. Besagtes Café war 1869 für den Konditor Georg Robby errichtet worden und präsentierte sich zum Zeitpunkt des Entstehens der alten Aufnahme noch in seiner Originalgestalt als einzelner gusseiserner Pavillon ohne Anbauten und mit Laterne sowie Litfaßsäule auf dem Vorplatz – die heute fast schon legendäre Wetter-Uhr kam erst 1885 hinzu. Im selben Jahr übernahm der bisherige

Oberkellner Wilhelm Kröpcke als Pächter das „Café Robby", in dem er fortan bis zu seinem Tod anno 1919 das Zepter schwingen sollte und letztlich dafür sorgte, dass sich die Bezeichnung „Kröpcke" einbürgerte, wenn von der Gegend nordwestlich des Opernplatzes die Rede war. Im Zweiten Weltkrieg wurde nicht nur das Café, sondern auch das ihm gegenüber an der Westseite der Georgstraße gelegene Continental-Hotel komplett zerstört. Von Letzterem ist auf dem alten Foto interessanterweise noch der Ursprungsbau zu sehen: Erst nach dem Auszug der bis 1879 hier ansässigen Polytechnischen Schule bzw. Königlichen Technischen Hochschule wurde das Gebäude für seine künftige Nutzung als Hotel um zwei Etagen aufgestockt.

DIE GEORGSTRASSE RICHTUNG SÜDEN

Zwar mag ein wenig Lokalpatriotismus mitgeklungen haben, als Wilhelm Meyer-Förster in seinem 1901 erschienenen Roman „Heidenstamm" die Georgstraße „mit ihren breiten Parkanlagen, ihren monumentalen Gebäuden und dem großstädtischen Verkehr" als „vielleicht die schönste deutsche Straße" bezeichnete. Gänzlich aus der Luft gegriffen war die Schwärmerei des in Hannover geborenen Schriftstellers, der gleich im Anschluss an diese Textpassage auch noch eine bildhafte Schilderung des sonntäglichen Schorsenbummel-Rituals folgen ließ, jedoch nicht.

In der Tat kam die Georgstraße zu jener Zeit auch im Abschnitt zwischen Kröpcke und Aegi äußerst ansehnlich daher – ein bisschen mehr noch als heute, denn die ehemals sehr stimmungsvolle,

vorwiegend gründerzeitliche Kulisse ist mittlerweile zumindest teilweise etwas seelenlosen Neubauten gewichen. Allerdings sind diese meistens nur beim unmittelbaren Davorstehen oder in der unbelaubten Jahreszeit zu sehen, wobei das Grün der Bäume zugleich einiges verdeckt, was durchaus eines näheren Blickes wert wäre. So lebte z.B. in dem auf der alten Aufnahme als letztes Gebäude zu erkennenden Haus Basse ab 1918 die Künstlerin Käte Steinitz, in deren Salon sich Kurt Schwitters und diverse weitere Größen der damaligen Kunst- und Avantgardeszene die Klinke in die Hand gaben. Anstelle der rechts daneben gelegenen Häuser wiederum wurde 1927 das imposante neue Verlagsgebäude des „Hannoverschen Kuriers" errichtet, das auch heute noch als „Kurierhaus" bekannt ist.

Die Historie von Schulen zu recherchieren, ist bisweilen kein leichtes Unterfangen. Aufgrund von Reformen, Fusionen und sonstigen Verwaltungsakten neigen diese nämlich dazu, im Verlauf ihres Bestehens häufiger einmal den Standort zu wechseln bzw. umbenannt zu werden, was zum jeweiligen Zeitpunkt durchaus opportun sein mag, später aber zu nicht geringen Irritationen führen kann.

Das ehemalige Ratsgymnasium, heute als Kaiser-Wilhelm- und Ratsgymnasium an der Seelhorststraße residierend, ist hierfür ein entsprechendes Beispiel. Bis 1912 firmierte die seit 1854 am Georgsplatz ansässige und auf eine bereits 1267 erstmals erwähnte Schule am Marktplatz zurückgehende humanistische Bildungsanstalt unter dem Namen „Lyzeum I". Dann entschied der Stadtrat, die

Lyzeums-Bezeichnung künftig nur noch für Höhere Mädchenschulen zu verwenden, woraufhin die Schule am Georgsplatz in Ratsgymnasium umbenannt wurde und die Bezeichnung „Lyzeum I" auf die bisherige Elisabethschule an der Langensalzastraße überging – ob anschließend verwirrte Eltern ihre Sprösslinge versehentlich in der falschen Schule anmeldeten, ist nicht überliefert.

Das Domizil des Ratsgymnasiums wurde im Zweiten Weltkrieg größtenteils zerstört und machte schließlich Mitte der 1950er-Jahre dem Neubau der Norddeutschen Landesbank Platz. Gleichzeitig musste auch das vor dem Schulgebäude thronende Schillerdenkmal weichen, das heute in der Georgstraße steht, derweil der Georgsplatz seit 1991 immerhin mit den „Wanderer"-Plastiken aufwarten kann.

Ein Verkehrsknotenpunkt war er bereits im frühen 20. Jahrhundert, doch im Vergleich zu heute machte der Aegi damals einen wahrhaft idyllischen Eindruck. Erheblichen Anteil daran hatte natürlich die großflächige Verkehrsinsel, deren zeitweise sogar mit Palmen und Bananenstauden aufwartende Grünanlagen zum entspannten Verweilen einluden, bis die Zeiger der Reklameuhr offenbarten, dass es Zeit für den Aufbruch wurde. Heute ist Passanten von einem längeren Aufenthalt auf der Kreuzung abzuraten, will man sich nicht gesundheitliche Schäden zuziehen oder zumindest erbost angehupt werden. Auch ansonsten erinnert kaum noch etwas daran, wie gediegen es am Aegi einmal zuging: Das Restaurant „St. Hubertus" links der Breiten Straße wurde im Zweiten Weltkrieg ebenso dem

Erdboden gleichgemacht wie die Urversion der Aegidienapotheke und die am äußersten rechten Bildrand zu erkennende moderne Filiale einer Fast-Food-Kette versprüht auch nicht den Charme der ehemals dort ansässigen Bierstube.

Neben seiner Bedeutung für den Durchgangsverkehr erfüllt der Aegi aber wenigstens eine weitere nützliche Funktion: Man kann anhand seiner die Glaubwürdigkeit eines Gesprächspartners überprüfen. Behauptet nämlich jemand, ein „echter" Hannoveraner zu sein, redet dann aber beharrlich vom Aegidientorplatz und reagiert auf Aegi nur mit verständnislosem Kopfschütteln, handelt es sich offensichtlich um einen Aufschneider – kein „echter" Hannoveraner käme auf die Idee, den Aegi bei seinem vollen Namen zu nennen.

DER AEGI RICHTUNG OSTEN

Auch in umgekehrter Blickrichtung zur vorigen Ansicht lässt sich der heute eher rationale denn charmante Charakter des Aegi nicht leugnen. Sofern es gelingt, den unablässigen Verkehrsstrom zu ignorieren, der seit dem Abbruch der jahrzehntelang die Szenerie prägenden Stahlhochstraße mittlerweile nur noch ebenerdig über den Platz rollt, können hier allerdings immerhin noch ein paar Relikte aus der Vergangenheit für das Aufkommen nostalgischer Gefühle sorgen. So erhebt sich links der Einmündung der Marienstraße heute wie damals das 1905/06 als ursprünglich neobarockes Geschäftshaus errichtete Hansa-Haus, an dessen Stelle zuvor ein nicht ganz so imposantes, unter anderem die Gastwirtschaft „Rabe" beherbergendes Gebäude gestanden hatte. 1922 verlegte der

Hannoversche Sparkassenverband seinen Sitz in das Hansa-Haus, dessen Erdgeschoss fortan die Schalterhalle der Girobank-Zentrale einnahm, derweil in den Wohnungen darüber Persönlichkeiten wie der Architekt und Künstler Franz Bubenzer residierten. Zwar wurde auch das Hansa-Haus im Zweiten Weltkrieg beschädigt, doch anders als der überwiegende Rest der historischen Bebauung am Aegi nicht komplett zerstört. Einzige weitere Ausnahme bildet das ihm gegenüber gelegene Gebäude, das auch heute noch größtenteils im Originalzustand daherkommt. Ursprünglich für die Darmstädter Bank errichtet, diente es nach dem Krieg weiteren Banken und Versicherungen sowie zuletzt bis in die 2000er-Jahre dem niedersächsischen Sozialministerium als Domizil.

DAS GEÖFFNETE GRAB

Sie fällt zugegebenermaßen ein bisschen aus dem Rahmen der ansonsten in diesem Buch enthaltenen Ansichten, doch da die wahlweise als „geöffnetes" oder „gesprengtes" Grab bezeichnete Begräbnisstätte auf dem Gartenfriedhof bereits im 19. Jahrhundert eine vielbestaunte Sehenswürdigkeit war und sich sogar zu einer Art Wahrzeichen der Stadt entwickelte, ist ihre Aufnahme in den Motivreigen durchaus gerechtfertigt – zumal auch sie letztlich ihr „Gesicht" verändert hat.

Eigentlich war auf dem Grabstein für Henriette Juliane Caroline von Rüling, die 1782 mit gerade einmal 26 Jahren an Schwindsucht verstorbene Tochter des Gerichtsrats Georg Wilhelm von Willich, eine unmissverständliche Anweisung eingemeißelt worden: „Dieses auf ewig erkaufte Begräbnis darf nie geöffnet werden!" Die Natur scherte sich darum jedoch wenig: Zwischen Sockel und Stein begann eine Birke emporzuwachsen, die schließlich solche Ausmaße annahm, dass die

Grabplatte angehoben und das Grab somit ganz ohne menschliches Zutun „geöffnet“ bzw. „gesprengt“ wurde.

Der „Homo faber“ griff erst im Januar 2010 in das Geschehen ein, als ein Trupp des städtischen Grünflächenamtes den Baum unter Hinweis auf Sicherheitsbedenken wegen der zunehmenden Schräglage kurzerhand absägte, ohne dass zuvor jemand über die drohende Vernichtung dieses historischen „Naturbauwerks“ informiert worden wäre. So wird es nun also wieder ein paar Jahrzehnte dauern, bis aus dem mittlerweile gepflanzten Ersatz-Bäumchen ein stattlicher Baum geworden ist.

DIE STADTHALLE

Auch wer die vor nicht allzu langer Zeit deutschlandweit die Schlagzeilen beherrschenden Streitigkeiten um „Stuttgart 21“ mit größter Aufmerksamkeit verfolgt hat, wird sich wahrscheinlich nicht der Tatsache bewusst sein, dass es zwischen dem dort im Mittelpunkt der Diskussionen stehenden Stuttgarter Hauptbahnhof und der hiesigen Stadthalle an der Eilenriede eine Gemeinsamkeit gibt: Beide wurden in Person von Paul Bonatz und Friedrich Eugen Scholer von denselben Architekten entworfen.

Im Falle des Hannoveraner Bauwerks, nach dessen drei Jahre dauernder und 1914 vollendeter Errichtung sogleich mit der Umsetzung des Stuttgarter Projekts begonnen wurde, orientierte sich das Duo am Pantheon in Rom und schuf einen trotz seiner monumentalen

Ausmaße vergleichsweise schnörkellos gestalteten Komplex, dessen markantestes Element der Kuppelbau ist – unter dem kupfernen Dach befindet sich neben diversen Konferenz- und Seminarräumen sowie kleineren Sälen auch der mit rund 3.600 Plätzen größte Konzertsaal Niedersachsens. Während die auf dem alten Foto rechts zu sehende Originalversion der Niedersachsenhalle im Zweiten Weltkrieg komplett zerstört wurde, trug die heute als „Hannover Congress Centrum“ firmierende Stadthalle „nur“ schwere Beschädigungen davon. Dennoch kam dem seither mehrfach umgebauten bzw. erweiterten Komplex bereits ab 1947 eine höchst repräsentative Funktion zu: Bis zum Umzug in den Parlamentsanbau am Leineschloss hielt hier der Niedersächsische Landtag seine Sitzungen ab.

DAS „NEUE HAUS“

Ob es auch heutzutage eine gute Geschäftsidee wäre, ausgerechnet auf einem ursprünglich für die Unterbringung von mit einer tödlichen Seuche infizierten Menschen gedachten Areal ein Konzertcafé zu betreiben, sei einmal dahingestellt. Der Beliebtheit des „Neuen Hauses“ jedenfalls tat dies keinen Abbruch – über geraume Zeit hinweg zählte es zu den populärsten Ausflugslokalen der Stadt, obwohl es sich am vormaligen Standort eines Pestlazaretts befand. Allerdings war dieses zugegebenermaßen nie in Betrieb genommen worden: 1713 hatte sich herauskristallisiert, dass die Pest kein weiteres Mal nach Hannover zurückkehren würde, weshalb für die kurz zuvor eingerichtete „Siechenstation“ eine neue Verwendung gefunden werden musste. Bereits ein Jahr später wurde der Komplex als

Wirtshaus „Zum Goldenen Löwen“ erstmals verpachtet und erlebte in den folgenden Jahrhunderten diverse Namens- und Besitzerwechsel, wobei eines stets gleichblieb: Das Etablissement war ein Publikumsmagnet.

Als 1894 der bisherige Fachwerkbau durch das auf der alten Aufnahme zu sehende „Neue Haus“ ersetzt wurde, brachte dies sogar noch eine weitere Popularitätssteigerung mit sich – der Laden brummte, und erst Ende der 1920er-Jahre begann der Geschäftsbetrieb allmählich abzuflauen. 1970 schließlich schlug die letzte Stunde des „Neuen Hauses“: Es musste dem Neubau der Musikhochschule weichen, lediglich die Eingangsarkaden blieben erhalten – sie stehen heute ein paar Meter weiter nordwestlich am Emmichplatz.

AM SCHIFFGRABEN

Wo bereits im späten 19. Jahrhundert angesichts der äußerst mondän wirkenden Bebauung der Eindruck entstehen konnte, sich im Diplomatenviertel einer südeuropäischen Metropole zu befinden, war es nur wenige Jahrzehnte zuvor noch ausgesprochen ländlich zugegangen. Abgesehen vom „Neuen Haus“ hatte es hier lange Zeit kaum mehr als Gärten, Felder, Wald und Wiesen gegeben – und eben jenen Schiffgraben, der schließlich der heutigen Straße ihren Namen geben sollte.

Die Funktion des 1365 künstlich angelegten und nur wenige Meter breiten Kanals, der vom Altwarmbüchener Moor durch die Eilenriede bis zum Aegidientor verlief, war eine ganz einfache: Auf ihm wurde Holz und vor allem der als Brennmaterial begehrte Torf in die

Stadt geschafft, wobei eine Fahrt auf der rund neun Kilometer langen Strecke infolge der geringen Fließgeschwindigkeit schon mal mehrere Tage dauern konnte. Nach der Einstellung der Torfschifffahrt anno 1751 vegetierte der Kanal verschlammend vor sich hin, ehe man ihn schließlich Mitte des 19. Jahrhunderts verrohrte und zu überbauen begann. Das im Bild zu sehende Gebäudeensemble wurde ab 1872 errichtet und bestand ursprünglich aus neun für verschiedene private Bauherren, aber im jeweils gleichen italienischen Renaissancestil gestalteten Villen, von denen heute nur noch drei in ihrer Originalform erhalten sind – auf dem Grundstück des südlichen Eckgebäudes z.B. steht seit 1954 der seiner Umgebung immerhin gut angepasste Erweiterungsbau der Industrie- und Handelskammer.

Es ist eine zwar müßige, aber doch nicht ganz uninteressante Spielerei, sich vorzustellen, welche Gedanken Georg Ludwig Friedrich Laves wohl durch den Kopf gingen, wenn er sein „Kind" namens Königstraße heute betrachten könnte. Ob das, was er da sähe, dem ab 1814 zunächst als Hofarchitekt in Hannover wirkenden und in den folgenden Jahrzehnten die Entwicklung der Leine-Metropole wie kaum ein anderer vor oder nach ihm prägenden Stadtplaner restlos gefallen würde? Höchst erfreut wäre Laves gewiss darüber, dass seine Konzeption der Königstraße als Sichtachse zum schemenhaft im Bildhintergrund zu erkennenden Opernhaus nach wie vor Bestand hat – schnurgerade zieht sie sich in Richtung Innenstadt dahin und verdeutlicht mit diesem Verlauf den repräsentativen Charakter, der

ihr in den Laves'schen Stadterweiterungsplänen zukam: Sie war die Hauptstraße des ab ca. 1850 auf dem Gebiet östlich des Bahnhofs neu angelegten Teils der Ernst-August-Stadt.

Nicht ganz so glücklich allerdings dürfte Laves wahrscheinlich mit dem sonstigen heutigen Erscheinungsbild der zum Zeitpunkt des Entstehens der alten Aufnahme fast noch in den Kinderschuhen steckenden Straße sein – von den sie einst säumenden Bürgerhäusern und Villen ist nicht mehr allzu viel geblieben, wobei im abgebildeten Abschnitt neben den üblichen kriegsbedingten Zerstörungen auch der Bau des Cityrings bzw. die Anlage der Berliner Allee in den 1950er-Jahren deutliche Spuren im Hinblick auf den historischen Gebäudebestand hinterlassen hat.

DER „TIVOLI“

Nein, weder handelt es sich um eine Verwechslung noch um den Versuch, die Leserschaft an der Nase herumzuführen – so profan wie auf dem neuen Foto sieht es heute tatsächlich dort aus, wo sich einst der „Tivoli“ erstreckte, Hannovers beliebtester Konzertgarten, der auch weit über die Stadtgrenzen hinaus bekannt war: Unmittelbar am Bahndamm gelegen, bot sich Zugreisenden eine besonders gute Aussicht auf das Areal, das vor allem in den Abendstunden, von 40.000 Gasglühlampen festlich beleuchtet, einen prächtigen Anblick abgab.

Anno 1860 hatte der Architekt Otto Goetze den Auftrag zum Ausbau des Cafés „Tivoli“ erhalten, das seit 1844 auf dem Grundstück zwischen Königstraße, Hinüberstraße, Schiffgraben und den Bahngleisen ansässig war. Getreu dem Motto „Gut Ding will Weile haben“

schuf Goetze in letztlich 18-jähriger Bauzeit eine ausgedehnte, terrassenartig aufgebaute Anlage, die mit Attraktionen wie Springbrunnen, begehbaren Grotten im Bahndamm, einem Restaurant samt Spiegelsaal sowie einer Konzertmuschel das Publikum in Scharen herbeiströmen ließ. Auch Theater-, Kabarett- und Varietévorführungen mit Künstlern von Weltruf fanden jahrzehntelang im „Tivoli“ statt.

Die glorreiche Zeit endete erst mit der Weltwirtschaftskrise der späten 1920er-Jahre, die einen schleichenden Niedergang einleitete, bis der gesamte Komplex schließlich 1937 an die Reichsbahn verkauft und wenig später abgerissen wurde. Heute findet man anstelle des „Tivoli“-Gartens nur noch ein paar Anwohnerparkplätze vor.

Buchhinweise

Liebes altes **Hannover** … so wird's nie wieder sein

Kreidezeichnungen 1900 bis 1943

Dieter Ohlendorf

978-3-86680-555-2 | 19,90 €

Hannover

Rundgänge durch die Geschichte

Ekkehard Oehler-Austin

978-3-86680-619-1 | 14,90 €

Noch mehr Sagenhaftes aus der Region **Hannover**

Ernst-August Nebig

978-3-86680-626-9 | 17,90 €

Weitere Bücher aus Hannover finden Sie unter: **www.suttonverlag.de**